LECTURES ELI POUSS

Jane Cadwallader

Mamie Pétronille
et les enfants vikings

Illustrations de Gustavo Mazali

2 Aurélie, Clément et Maxence sont avec leur papa et leur maman. Ils regardent une maison viking. Mamie Pétronille aussi ! Le guide parle, parle et parle encore.

Le guide parle, parle et parle encore.
Mamie Pétronille prend Maxence par la main.

Sur la plage, mamie Pétronille met les mains dans son petit sac jaune. Qu'est-ce qu'il y a dedans ?

Oh ! Il y a une balle jaune !
Mamie Pétronille se repose et les enfants jouent
à la balle. Aurélie, Clément et Maxence sont très
contents.

Zut ! Où est la balle ?

Les enfants courent vers une caverne.
Ils cherchent leur balle mais ils ne la trouvent pas.
Soudain, ils voient un petit garçon.
Oh ! C'est un petit garçon viking ! Écoute sa poésie.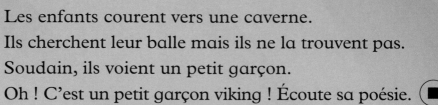

3 *Salut je m'appelle Kévin*
Je suis un courageux viking
Dans une caverne je vis
Venez je suis un ami !

J'aime beaucoup danser ici
J'aime chanter et jouer aussi
Les vikings vivent comme ça
Venez jouer tralala

Oh, oui !
S'il te plaît !

Oh ! Il y a beaucoup d'enfants vikings ici !
Écoute leur poésie. ■

▶ 5 *Nous sommes Julie et Christine*
      Deux courageuses vikings
      Dans une caverne nous vivons
      Venez nous nous amusons

▶ 6

Nous sommes Julie et Christine, est-ce que vous voulez jouer avec nous ?

Nous aimons beaucoup danser
Mais aussi chanter et jouer
Les vikings vivent comme ça
Venez jouer tralala ■

Julie frappe la balle. Maxence court pour prendre la balle.

Oh le pauvre ! Maxence heurte le rocher et il s'assied dans le sable.
Soudain il dit...

Ah ! Au secours !
Ce rocher a un œil !

Les enfants regardent le rocher qui a un œil mais… est-ce que c'est un rocher ?

Mais ce n'est pas un rocher !

C'est une baleine… c'est un bébé baleine !

Christine a une idée ! Elle parle de son idée aux autres enfants.

Demandons à mamie Pétronille !

Il faut une corde !

Les enfants demandent une corde
à mamie Pétronille.

Mamie Pétronille met les mains dans son petit
sac jaune. Qu'est-ce qu'il y a dedans ?

Oh ! Il y a un grand oiseau blanc… et il a une longue corde jaune !

Le grand oiseau blanc donne sa corde jaune
aux enfants.

Maintenant, il faut un bateau !

Regardez là-bas ! Nous avons un bateau !

Kévin et Aurélie vont voir la maman baleine en bateau. Kévin lie la queue avec la longue corde jaune. Sur la plage, Julie et Clément lient l'autre extrémité de la corde à la queue du bébé baleine. Maxence et Christine mettent de l'eau de mer sur le bébé pour le rafraîchir.

La maman baleine tire et tire encore. Les enfants tirent et tirent encore. Le petit Maxence aussi aide ses amis. Mamie Pétronille aussi aide les enfants. Et le grand oiseau blanc aide tout le monde.

Tirez !

Et ...

… le bébé baleine fait PLOUF dans la mer.
Aurélie, Clément, Maxence et les enfants vikings
sont très contents. Hip hip hip hourra !
Mamie Pétronille regarde sa montre.

Il est l'heure de rentrer.

Les enfants retrouvent leur papa et leur maman.
Le guide parle, parle et parle encore. Il a un objet
dans la main.

C'est une b...

Chut Maxence ! Ah ah !

Le bébé baleine nage dans la mer avec sa maman. Merci mamie Pétronille !
Merci les enfants ! ■

Jouons ensemble !

1 Coche les personnages qui sont dans le livre.
Écris le nom des personnages que tu connais.

1 _____

2 _____

3 _____

4 _____

5 _____

6 _____

7 _____

8 _____

9 _____

10 _____

2 Recompose les poésies des enfants sous la bonne image. Il y a des éléments en commun.

_____ _____

_____ _____

_____ _____

_____ _____

_____ _____

_____ _____

_____ _____

_____ _____

Mais aussi chanter et jouer

Salut je m'appelle Kévin

Deux courageuses vikings

J'aime chanter et jouer aussi

Venez jouer tralala

Nous aimons beaucoup danser

Nous sommes Julie et Christine

Les vikings vivent comme ça

Dans une caverne je vis

Dans une caverne nous vivons

Je suis un courageux viking

Venez nous nous amusons

J'aime beaucoup danser ici

Venez je suis un ami !

3 Écris les mots à la bonne place.

> la corde · la queue · le rocher · le sable ·
> l'oiseau · la baleine · la plage

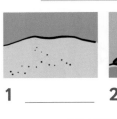   

1 _____ 2 _____ 3 _____ 4 _____

5 _____ 6 _____ 7 _____

4 Utilise les mots de l'activité 3 pour compléter les phrases. Tu peux utiliser les mots plusieurs fois.

La maman **1** _____ tire, les enfants tirent aussi.
Le bébé **2** _____ nage dans la mer. Super !
Le grand **3** _____ blanc donne une **4** _____
aux enfants.
Maxence s'assied dans le **5** _____ à côté d'un
6 _____ qui a un œil !
Les enfants jouent sur la **7** _____ .
La **8** _____ n'est pas un **9** _____ !
C'est un bébé **10** _____ !
Ils lient une **11** _____ à la **12** _____ de la
maman et du bébé **13** _____ .

5 Écris le nom des objets sous les images. Demande à un adulte de chercher sur Internet pour vérifier si les affirmations sont vraies ou fausses.

> la maison · les jouets · la balle ·
> le chapeau · l'école · le bateau

1 _____ 2 _____ 3 _____

4 _____ 5 _____ 6 _____

	VRAI	FAUX
1 En viking « Hus » veut dire maison.	☐	☐
2 Les vikings vont à l'école.	☐	☐
3 Les bateaux vikings sont des « drakkars ».	☐	☐
4 Les enfants vikings jouent avec des jouets.	☐	☐
5 Les vikings portent un chapeau : c'est un casque à cornes.	☐	☐
6 Les vikings jouent au baseball.	☐	☐

6 Lis et dessine la partie de l'histoire que tu préfères.

7 Aimes-tu cette histoire ? Dessine ton visage.

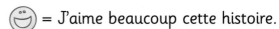 = J'aime beaucoup cette histoire.

= J'aime cette histoire.

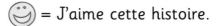 = J'aime un peu cette histoire.

= Je n'aime pas cette histoire.